Hermann Krekeler

Experimente mit den vier Elementen

Experimente mit den vier Elementen

Hermann Krekeler

Experimente mit den vier Elementen

Fotos von Hermann Krekeler
Illustrationen von Daniel Napp

Ravensburger Buchverlag

Inhalt

Wasser

Erde

Feuer

Luft

Kippelige Korken

Auch bei leichtem Seegang bleiben diese lustigen Korkenschwimmer aufrecht. Sie kippeln nur ein wenig hin und her – wie Stehaufmännchen.

DU BRAUCHST:

Korken, Nägel, Schrauben, wasserfeste Pappe (Party-teller oder Milchtüte), wasser-feste Filzstifte, kleine Luft-ballons, Zahnstocher, eine Wanne oder ein Aquarium

Aus den Zutaten bastelst du dir zuerst eine Reihe lustiger Figuren – etwa so wie die auf den Bildern.

Wenn du die Korken mit einer Säge einschneidest, kannst du bemalte Pappstücke einfach in die Schlitze stecken. Als Köpfe eignen sich Luftballons mit aufgemalten Gesichtern. Auch die lassen sich leicht in den Schlitzen befestigen.

Zum Schluss brauchen die Figuren noch Gewichte: Nägel oder Schrauben, die unten in die Korken gesteckt oder geschraubt werden.

Die Gewichte sorgen dafür, dass die Figuren immer aufrecht bleiben. Durch Probieren findest du sicher selbst heraus, wie viele Gewichte jede Figur braucht und wo du sie am besten anbringst.

Von weitem sieht es aus, als würde da tatsächlich ein Mann stehen. In Wirklichkeit aber ist es eine lebensgroße Kunststoff-Figur. Vier von diesen Stehaufmännchen hat ein Künstler im Hamburger Hafen auf schwimmende Plattformen gestellt.

WAS PASSIERT WENN ...?

* sich die Korken mit Wasser vollsaugen?
* die Gewichte zu leicht oder zu schwer sind?
* du statt Korken ein Stück Holz oder Styropor nimmst?

Wirbelstraßen

Mit etwas Metallpulver kannst du faszinierende Wirbelmuster im Wasser sichtbar machen.

DU BRAUCHST:

eine flache Schale, etwa 25 g feines Aluminiumpulver (aus der Apotheke), etwa 250 ml Glycerin (gibt es auch in der Apotheke), verschiedene Pinsel und Holzstäbchen

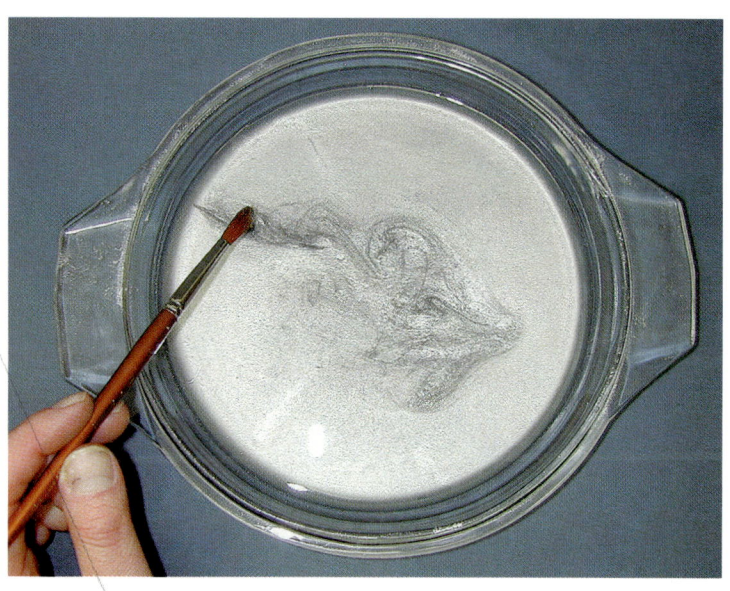

Mische Wasser und Glycerin zu gleichen Teilen (zum Beispiel 100 ml Wasser und 100 ml Glycerin).
Von dem Gemisch füllst du so viel in eine flache Schale, bis der Boden etwa 1 cm hoch bedeckt ist.
Gib einen halben Teelöffel Aluminiumpulver dazu und verrühre alles gründlich.
Streiche mit einem Pinsel durch das Gemisch und schau, was passiert.

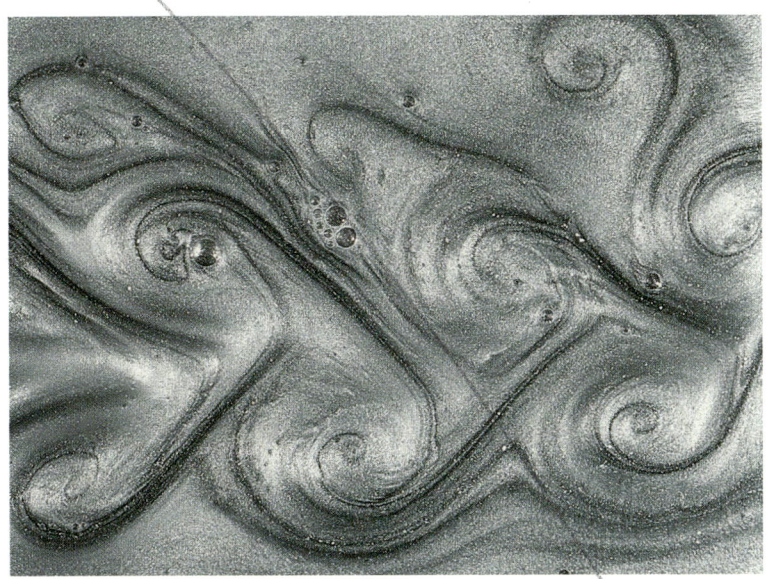

Das schimmernde Aluminiumpulver lässt alle Wirbel und Strömungen im Wasser sichtbar werden. Das dickflüssige Glycerin verlangsamt die Bewegungen, sodass du sie wie in Zeitlupe betrachten kannst. Von Zeit zu Zeit musst du Wasser und Pulver wieder gut durchmischen.

WAS PASSIERT WENN ...?

* du kein Glycerin ins Wasser gibst?
* du mit dem Pinsel mal langsam, mal schnell durch das Wasser streifst?
* du statt des Pinsels ein Holzstäbchen nimmst?

Solche Wirbel und Kringel, wie du sie in der Schale erzeugst, finden sich überall in Natur. Zum Beispiel bei Wellen und Wolken. Meistens sind sie allerdings so unsichtbar wie die Luft.

Wasser mit Klebkraft

Es sieht aus wie ein Zaubertrick: Du drehst das Glas um, aber kein Wasser läuft heraus. Eine geheimnisvolle Kraft hält den Deckel fest.

Zuerst füllst du ein Glas mit Wasser. Es braucht nicht voll zu sein.

Decke das Glas mit einer Pappscheibe zu. Die Scheibe drückst du fest auf den Rand des Glases und drehst alles vorsichtig um.

Eine Hand hält nun das Glas, die andere die Scheibe. Jetzt langsam loslassen – und?

Die Scheibe bleibt kleben! Das Wasser bleibt im Glas!

So sollte es jedenfalls sein. Weil es aber nicht immer auf Anhieb klappt, probierst du das lieber draußen.

Die gleiche geheimnisvolle Klebkraft, die die Scheibe hält, ist bei allen Saugnäpfen wirksam.

DU BRAUCHST:

ein Wasserglas, eine möglichst wasserfeste Pappscheibe (es geht aber auch mit normaler Pappe), einen Bambusstab, einen Saugnapf (Handtuchhalter)

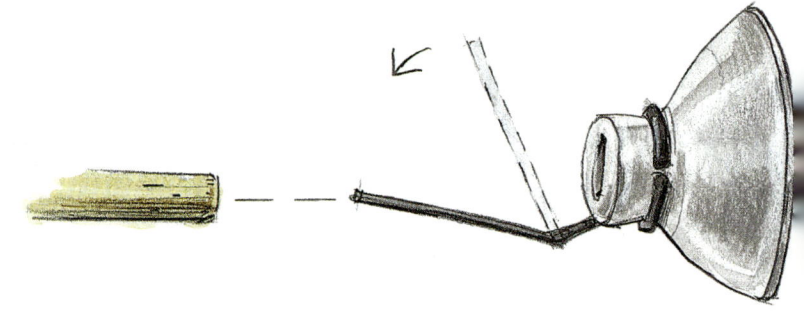

Aus einem Bambusstab und einem Saughalter kannst du dir einen Zauberstab basteln. Damit kannst du auf geheimnisvolle Weise alle möglichen Dinge anheben. Allerdings nur, wenn sie eine glatte Oberfläche haben. Übrigens funktionieren alle Saugnäpfe besser, wenn man sie anfeuchtet, dann kann die Luft nicht so leicht eindringen.

WAS PASSIERT WENN ...?

* das Glas ganz voll mit Wasser ist?
* nur ganz wenig oder überhaupt kein Wasser im Glas ist?
* du warmes Wasser nimmst?

Solche Handtuchhalter haften ganz ohne Klebstoff an jeder glatten Wand. Sie können erstaunliche Dinge tragen, wenn sie wirklich luftdicht sind.

Kraft durch den Schlauch

Durch einen mit Wasser gefüllten dünnen Schlauch lässt sich Kraft übertragen. Mit diesem Trick kannst du zum Beispiel ein Spielzeug fernsteuern.

Eine Spritze füllst du mit Wasser. Dann schiebst du ein Schlauchende über die Spitze. Drücke nun vorsichtig auf den Kolben, bis der Schlauch ganz voll mit Wasser ist. Die zweite Spritze füllst du nur halb mit Wasser und setzt sie auf das andere Schlauchende. Jetzt darf im Schlauch und in den beiden Spritzen keine Luft mehr sein. Drückst du den einen Kolben hinein, geht der andere heraus und umgekehrt.

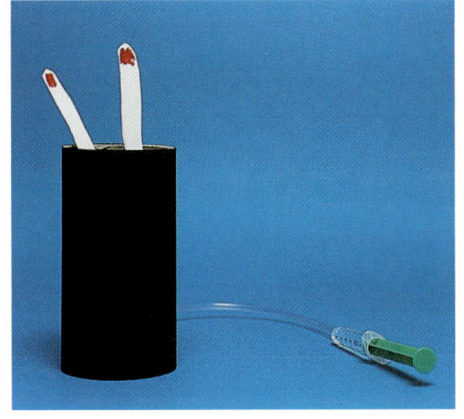
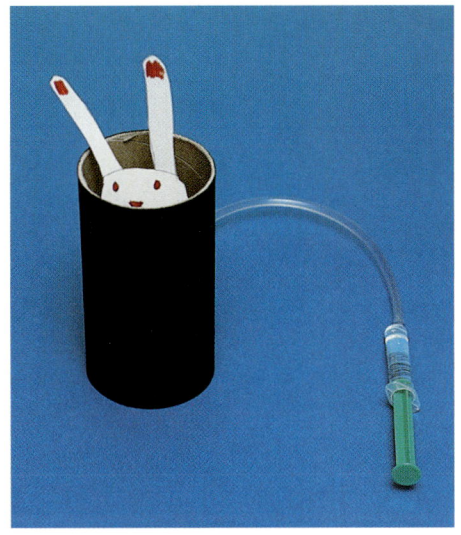

Befestige eine Spritze mit Klebestreifen auf einem Stück Wellpappe, das gerade so breit ist, dass es stramm in eine Pappröhre passt. Am Kolben der Spritze bringst du einen Hasenkopf oder eine andere Figur an. Wenn du jetzt auf den Kolben drückst, kommt der Hase aus der Röhre.

WAS PASSIERT WENN ...?

* in einer Spritze oder im Schlauch Luft ist?
* du verschieden große Spritzen verwendest?
* beide Spritzen ganz voll mit Wasser sind?
* du in eine Spritze ein Stückchen Brausetablette tust?

Auch bei einem Bagger übertragen Schläuche und Zylinder die Kraft. Die meisten Baumaschinen arbeiten auf diese Weise.

Blumengießautomat

Geheimnisvolle Kräfte in einem Schwammtuch- streifen saugen das Wasser aus einem Glas.

DU BRAUCHST:
*Schwammtuch, Wasser-
gläser, farbige Tinte, Holz-
klötze, eine Schere*

Schneide von einem Schwammtuch – wie man es zum Wischen und Putzen in Bad und Küche braucht – einen schmalen Streifen ab. Feuchte den Streifen an und hänge das eine Ende in ein Tintenfass oder Schnapsglas mit gefärbtem Wasser. Unter das andere Ende stellst du ein Glas mit klarem Wasser. Das geht natürlich nur, wenn das kleine Glas erhöht auf einem Sockel steht – so wie auf dem Bild. Jetzt brauchst du nur ein klein wenig Geduld, dann kannst du beobachten,

wie das gefärbte Wasser aus dem oberen Glas gesaugt wird und in das untere Glas tropft.

Die geheimnisvollen Kräfte, die hier am Werk sind, geben selbst Wissenschaftlern noch Rätsel auf. Praktisch aber wird das Phänomen längst vielfach genutzt. Nach diesem Prinzip funktionieren zum Beispiel kleine Geräte, die dafür sorgen, dass die Topfblumen nicht verdursten, während man im Urlaub ist.

WAS PASSIERT WENN ...?

* der Streifen so lang
  ist, dass er bis ins
  Wasser des unteren
  Glases hängt?
* der Streifen so kurz
  ist, dass er nur bis
  zur Oberkante des
  Sockels reicht?

*Sehr praktisch:
Während du im
Urlaub bist, versorgt
dieser Automat
deine Blumen. Er
saugt Wasser aus
einem Behälter und
lässt es in die Blu-
menerde im Topf
sickern.*

Zauberquelle

**Mit Hilfe unsichtbarer Kräfte und einiger Schwamm-
tücher kannst du Wasser aufwärts fließen lassen.**

Schneide aus den Schwammtüchern
2 – 3 Stücke, die ungefähr so groß
sind wie der Pappdeckel. Mit der Sche-
renspitze bohrst du Löcher mitten in
die Tücher und den Deckel. Erweitere
sie vorsichtig, bis du den Trinkhalm
gerade durchschieben kannst. Den
Halm schneidest und biegst du so zurecht, wie du es oben siehst.
Fülle etwas gefärbtes Wasser in ein
Glas und klares Wasser in ein zweites.
Auf dieses setzt du den Schwamm-
tuch-Deckel, so wie auf dem Bild
oben. Drücke Deckel und Tücher fest
auf den Glasrand und setze alles um-
gedreht auf das andere Glas. Was
geschieht?

Die Schwammtücher saugen Wasser aus dem oberen Glas, deshalb kann farbiges Wasser aus dem unteren nachfließen. Es wird durch den Halm nach oben gedrückt und tröpfelt aus seinem Ende.

Vor dem nächsten Versuch musst du unbedingt die Schwämme auswringen ! Wenn sich das Halmende im oberen Wasserglas diesmal unter Wasser befindet, siehst du eine farbige Wolke aufsteigen.

(

Bei diesem Springbrunnen wird Wasser von einer elektrischen Pumpe durch eine Düse gedrückt. So stark sprudeln kann deine Zauberquelle nicht. Aber dafür funktioniert sie ganz ohne Pumpe und ohne Energie zu verbrauchen.

WAS PASSIERT WENN ...?

* du statt der Schwammtücher Bierdeckel nimmst ?
* du einen dünneren Trinkhalm einsetzt ?
* du oben gefärbtes und unten klares Wasser nimmst ?

Was ist im Glas?

Mit einem selbst gebauten Teströhrchen kannst du Flüssigkeiten und Getränke untersuchen.

DU BRAUCHST:

einen Trinkhalm, Knetmasse, einen wasserfesten Stift, Wasser, Salz, Spiritus

Male mit einem wasserfesten Stift eine Skala auf einen Trinkhalm – so wie bei einem Thermometer. Forme dann aus Knetmasse eine Kugel und stecke den Trinkhalm hinein. Lass dein Testsröhrchen in einem Glas mit Wasser schwimmen. Jetzt darfst du ein bisschen herumprobieren. Du musst die Kugel gerade so schwer machen, dass dein Teströhrchen etwa zur Hälfte im Wasser versinkt.

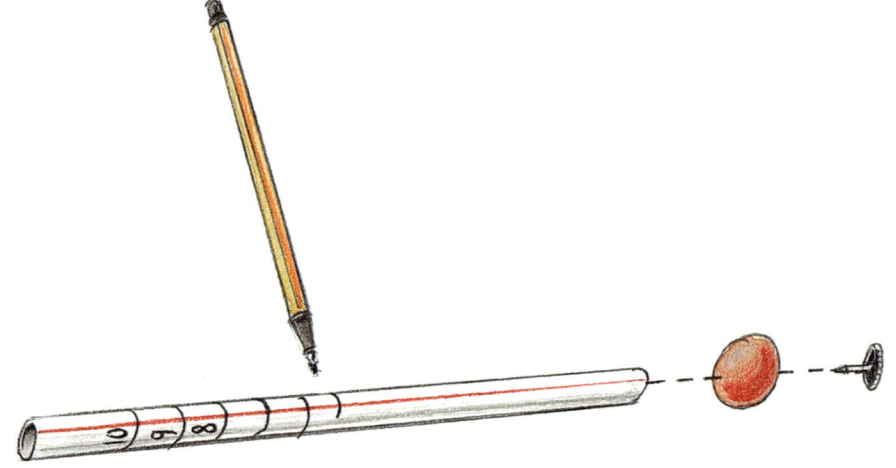

So kannst du hellsehen:
Bitte einen Freund, drei Gläser mit
verschiedenen Flüssigkeiten zu füllen:
eines mit Wasser, eines mit einem
Gemisch aus Spiritus und Wasser,
das dritte mit Salzwasser.
Und so findest du heraus, was in
welchem Glas ist: Im leichten Spiritus-
wasser sinkt dein Tester viel tiefer ein
als im schweren Salzwasser.

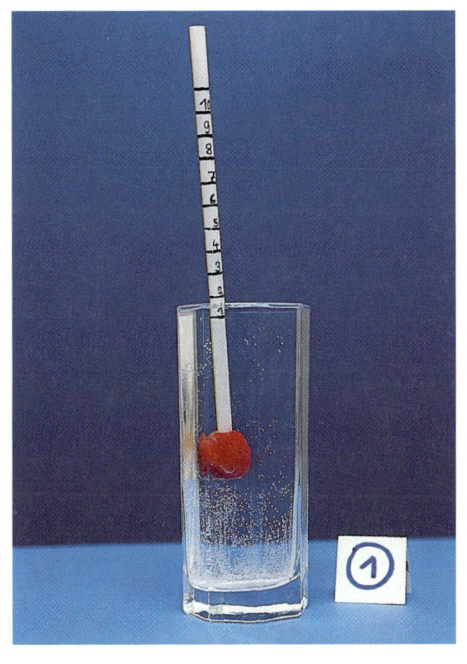

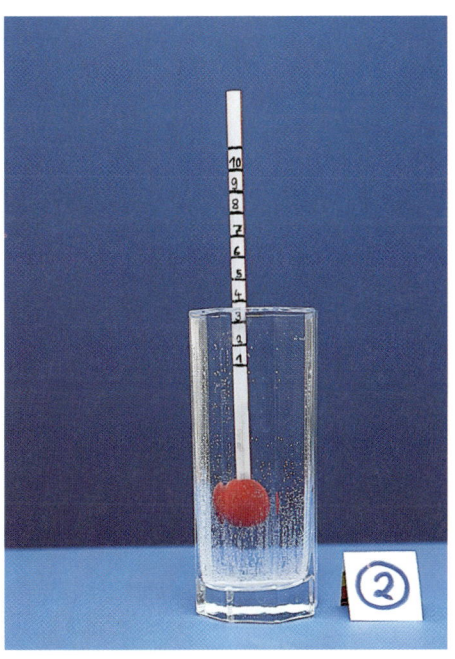

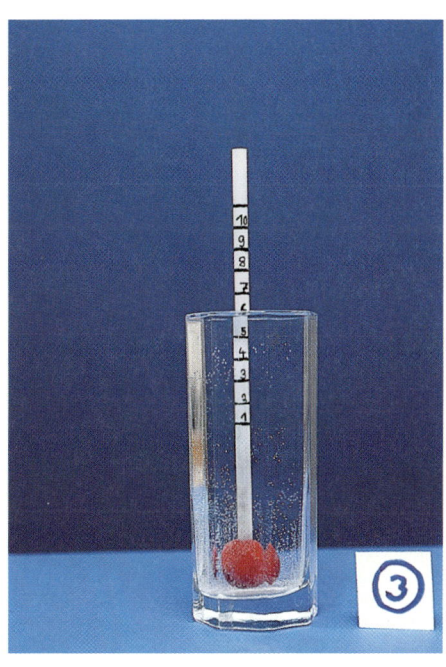

WAS PASSIERT WENN ...?

* du dein Teströhrchen
  in Speiseöl tauchst
  oder in Petroleum?
* du einen dünneren
  Trinkhalm nimmst?
* ein Glas mit kaltem
  und eins mit heißem
  Wasser vergleichst?

Mit diesem Gerät
kann der Tankwart
prüfen, ob genug
Frostschutzmittel
in der Scheiben-
waschanlage ist.
Es funktioniert
ganz ähnlich wie
dein Prüfstab. Weil
Frostschutzmittel
das Waschwasser
leichter macht,
kann man am
roten Zeiger ab-
lesen, wie viel da-
von im Wasser ist.

Kugelrunde Eiskunst

In wenigen Stunden kannst du im Gefrierschank fantastische Eisgebilde entstehen lassen.

Fülle einige kleine Luftballons mit Wasser. Sicher weißt du, wie das geht, nämlich so, wie man Wasserbomben füllt: Ziehe erst die Tülle des Ballons über den Wasserhahn. Drehe ihn dann vorsichtig auf. Wenn der Ballon groß genug ist, drehst du zu und verknotest das Ende. Die Ballons legst du in die Tiefkühltruhe oder den Gefrierschrank. Nach drei bis vier Stunden sind sie durchgefroren.

DU BRAUCHST:

kleine Luftballons oder Wasserbomben, viel, viel Platz im Gefrierschrank oder in der Tiefkühltruhe

WAS PASSIERT WENN ...?

* du einen Ballons halb mit Wasser und halb mit Luft füllst?
* du eingefärbtes Wasser nimmst?
* du die Eiskugeln unter einen warmen Wasserstrahl hältst?

Besonders interessante Figuren bekommst du, wenn du die Kugeln aus dem Gefrierfach nimmst, bevor sie ganz durchgefroren sind.
Hier siehst du einige Anwendungsbeispiele. Was du sonst noch alles mit deinen Eiskugeln anfangen kannst, wirst du sicher selbst herausfinden.

Ein Tipp noch:
Sie eignen sich auch als Riesen-Eiswürfel in einer Karaffe mit Limo.

Solche riesigen Eis-Skulpturen kommen natürlich nicht aus der Tiefkühltruhe. Sie werden aus großen Blöcken gehauen und geformt, gerade so, wie ein Bildhauer einen Stein bearbeitet. Der ganze Zauber schmilzt allerdings dahin, wenn es draußen zu warm wird.

So wird Wasser sauber

Es klingt verrückt – aber mit Sand, Erde und kleinen Steinen kannst du verschmutztes Wasser wieder reinigen.

Bohre vorsichtig sechs bis zehn Löcher in den Boden des Plastikbechers. Das geht am besten mit einer heißen Stricknadel.

Dann füllst du den Becher schichtweise mit Kies, grobem Sand, Gartenerde und feinem Sand.

Der Plastikdeckel dient als Untersatz. Er bekommt ein großes Loch und wird auf ein Gefäß gelegt. Obendrauf stellst du deine Mini-Kläranlage. Lasse solange Leitungswasser durch die Anlage laufen, bis unten klares Wasser heraustropft.

In einem Krug mischt du Wasser mit verschiedenen Drecksorten: Schmutz von der Fußmatte, Seifenwasser, Kreidestückchen, Hausstaub.

Gib etwas vom dem Schmutzwasser in deine Anlage. Was passiert? Sand und Erde halten die meisten Schmutzteilchen zurück und reinigen das Wasser. Probiere immer nur eine Drecksorte zur Zeit. So siehst du, wann die Kläranlage etwas bewirkt und wo sie nichts ausrichten kann.

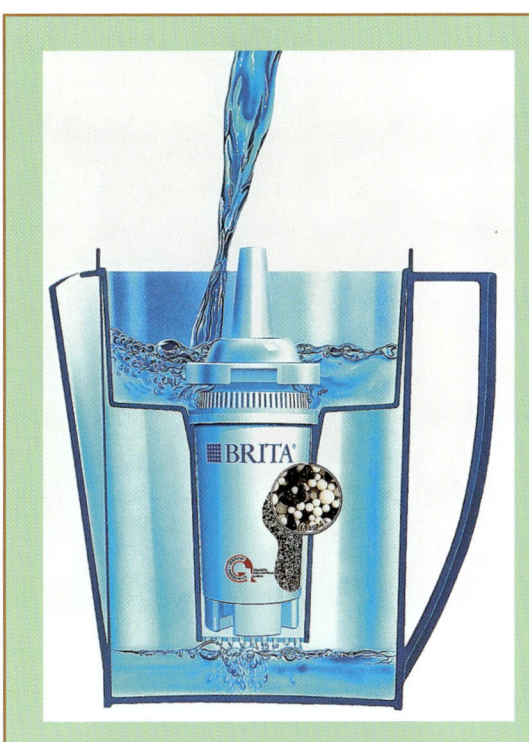

Deine Reinigungs-Anlage kann nur groben Dreck aus dem Wasser filtern. Es bleibt immer ein bisschen trübe. Außerdem sind längst nicht alle Verunreinigungen im Wasser sichtbar. Ob zum Beispiel Kalk, Chlor oder Blei drin sind, sieht man dem Wasser nicht an. Um diese Stoffe herauszufiltern, braucht man spezielle Filter, die mit Kohleteilchen und anderen Stoffen gefüllt sind.

WAS PASSIERT WENN ...?

* du Kaffee oder Tee in deine Kläranlage gibst?
* du das gleiche Schmutzwasser mehrmals durchlaufen lässt?
* du versuchst, farbiges Wasser zu reinigen?

Malen mit der Schaukel

Mit Wasser, Kreidepulver und einer Schaukel kannst du erstaunliche Bilder entstehen lassen.

Lege einen oder zwei Ziegelsteine auf das Brett einer Schaukel. Darauf stellst du dann einen großen, flachen Teller (oder eine Abdeckplatte vom Elektroherd). Sorge dafür, dass der Teller ganz waagerecht steht. Du kontrollierst das am besten, indem du etwas Wasser hineingibst. Die Wassertiefe sollte überall gleich sein. Falls nötig, schiebe Pappstreifen unter die Seite, wo es flacher ist.

Verrühre einen Teelöffel Kreidepulver in reichlich Wasser und fülle etwas von der milchig weißen Flüssigkeit in den Teller. Warte, bis sich alles beruhigt hat, und gib dem Schaukelbrett dann einen kleinen Schubs. Hab ein wenig Geduld. Was passiert? Vor dem nächsten Versuch, musst du das Kreidewasser wieder aufrühren.

Wenn die Schaukel in Bewegung ist, setzt sich das Kreidepulver nicht gleichmäßig im Teller ab. Es bilden sich immer wieder neue Muster, je nachdem, wie das Wasser schwingt.

WAS PASSIERT WENN ...?

* du der Schaukel so einen Schubs gibst, dass sie sich hin und her dreht?
* du statt Kreide feinen Sand nimmst?
* du kleine Dinge wie Steine oder Muscheln in den Teller legst?

Überall dort, wo Wasser gleichmäßig über einen sandigen Untergrund streicht, bilden sich nach einiger Zeit solche Muster: Linien aus kleinen Sandhügeln und Tälern.

Erde, Sand und Wurzeln

Hier kannst du beobachten wie die Wurzeln von Weizenkeimlingen wachsen und wie sie im Boden nach richtiger Erde suchen.

Zuerst füllst du eine Schicht Gartenerde in einen großen Plastikbecher oder ein Einmachglas, darüber gibst du feinen Sand und darauf wieder eine Schicht Gartenerde. Etwa so wie auf den Bildern. Obendrauf streust du nun eine Lage Weizenkörner. Gerade so viel, dass sie gleichmäßig die Oberfläche bedecken. Drücke sie ein wenig fest und feuchte sie gut an. Stelle das Gefäß an einen warmen Ort. Sorge dafür, dass die Erde immer schön feucht ist. Hab Geduld. Spätestens nach zwei Tagen tut sich was …

DU BRAUCHST:

einen großen Plastikbecher oder ein Einmachglas, eine Hand voll Weizenkörner, etwas Gartenerde, etwas feinen Sand, einen Blumensprüher

WAS PASSIERT
WENN ...?

Nach zwei bis drei Tagen, beginnen die Weizenkörner zu keimen. Sie schicken zarte Blattspitzen zum Licht und strecken weiße Wurzelfüßchen in die Erde. Du kannst zuschauen, wie die Wurzeln nach ein paar Tagen bei der Sandschicht ankommen und sie durchqueren. Sie wachsen weiter bis zum Boden des Gefäßes. Vielleicht kannst du erkennen, dass sich die Wurzeln in der Gartenerde viel dichter verzweigen als in der Sandschicht. Im Sand gibt es nämlich nichts zu holen, die Erde dagegen steckt voller Nährstoffe, die von den feinen Wurzelspitzen aufgesaugt werden können.

* du nach drei Wochen die Pflanzen an den Halmen herausziehst und alles ordentlich schüttelst?
* du den Topf mit zwei Sandschichten und einer Schicht Erde dazwischen füllst?

Ein Sturm hat diese Bäume umgefegt und aus der Erde gerissen. Jetzt kann man sich genauer anschauen, wie ihr Wurzelwerk im Erdreich verankert war. Viele der feinen Wurzelspitzen, mit denen der Baum seine Nährstoffe aufnimmt, sind jedoch vermutlich abgerissen.

27

Schatzschüttler

**Was sich im Sand versteckt, erfährst du erst,
wenn du die Dose schüttelst.**

Ein Spiel, das du endlos wiederholen kannst: Anfangs sind deine Schätze ganz und gar im Sand versteckt. Erst wenn du die Dose vorsichtig hin und her bewegst, werden sie Stück für Stück sichtbar. Dann drehst du die Dose herum und wieder siehst du nur den Sand. Das Spiel kann von Neuem beginnen.

Fülle kleine Schätze, zum Beispiel hübsche Steine, Muscheln, Perlen und Glitzersterne in ein Schälchen aus Glas oder Plastik. Am besten eignen sich dafür Petrischalen. Leider gibt es die nur in Geschäften für Laborbedarf.

Aber frage einmal in deiner Apotheke. Bedecke deine Schätze mit feinem Sand und setze ein zweites gleich großes Schälchen obendrauf. Verschließe die Dose nun mit einem Streifen Klebeband.

DU BRAUCHST:

zwei gleich große durchsichtige Plastikschalen, Perlen, Muscheln, edle Steine, Glitzersternchen, feinen Sand, Klebeband

Beim Schütteln wandern alle Schätze nach oben und der Sand nach unten. Wie kommt das? Die Sandkörner sind viel kleiner und viel beweglicher als die Schätze.

Sie fließen sofort unter die Schätze, wenn diese durch das Rütteln auch nur ein winziges Stück nach oben rutschen.

WAS PASSIERT WENN ...?

* du die Dose beim Schütteln aufrecht hälst?
* du zu viel oder zu wenig Sand nimmst?
* du die Dose halb mit Sand und halb mit Erbsen füllst?

Dieser Kartoffelreiniger arbeitet ähnlich wie dein Schatzschüttler. Die Kartoffeln werden kräftig hin und her geschüttelt, während sie über ein Band laufen. Erdklumpen und kleine Steine fallen dabei nach unten, die großen Kartoffeln bleiben oben auf dem Band.

Rieseltheater

Bei der Aufführung im Pappkarton ist Sand dein Hauptdarsteller und du bist der Regisseur.

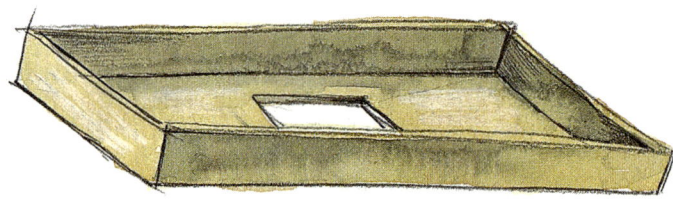

Besorge dir einen mittelgroßen Papp-karton (eine Seite sollte mindestens 35 cm hoch sein). Oben hinein schnei-dest du eine Öffnung in der Größe 18 cm x 18 cm. Vorne muss der Karton offen sein, so wie auf dem Bild. Einen zweiten Deckel mit Rand (wie auf dem Bild) brauchst du nicht unbedingt. Er macht das Ganze etwas stabiler und der Rand sorgt dafür, dass sich der Sand beim Schütteln nicht auch auf den Tisch oder Teppich verteilt. Jetzt nimmst du 3 – 6 Pappteller und durchbohrst sie in der Mitte.

Jeder Teller bekommt ein anderes Muster, zum Beispiel: viele Löcher, wenig Löcher, große Löcher, kleine Löcher.

Einen dieser Teller setzt du dann auf die obere Öffnung im Karton. Und schon kann die Vorstellung beginnen. Aus einem Eimerchen schüttest du gesiebten Sand in den Teller. Sofort rieselt er durch die Löcher. Dicke und feine Sandfäden ziehen sich von der Decke zum Kartonboden und türmen sich dort zu spitzen Sandhäuflein.

Überall da, wo Sand aufgehäuft wird, entstehen spitze Sandkegel mit geraden Seiten. Sehr schön kannst du das bei einer Sanduhr beobachten. Du siehst wie der Sandberg in der Mitte erst ein Stück anwächst und dann wieder zusammensackt. Er wird zwar größer, aber er behält immer die gleiche Kegelform.

WAS PASSIERT WENN ...?

* du noch größere Löcher in die Teller bohrst?
* du nur ein einziges Loch bohrst?
* du einen flacheren Karton nimmst?

Balancierer

Wer den Trick kennt, kann die lustigen Männchen auf jedem Flaschendeckel tanzen lassen.

Die Schaukelfiguren baust du dir aus Draht, Pfeifenreinigern, Trinkhalmen und was dir sonst noch einfällt. An dem Körperteil, mit dem eine Figur später auf der Flasche wackeln und tanzen soll, braucht sie eine Spitze aus Draht oder einem Stück Zahnstocher. Die Spitze muss fest mit dem Körper verbunden sein.

Damit die Balancierer nicht vom Sockel fallen, brauchen sie außerdem unbedingt Gewichte an den Beinen oder Armen. Gut eignen sich dafür sandgefüllte Luftballons. Du pustest den Sand am besten mit Schlauch und Trichter hinein. Du kannst auch Filmdöschen mit einem Henkel versehen, sie mit Sand füllen und als Gewichte benutzen.

DU BRAUCHST:

kräftigen Draht, Trinkhalme, Zahnstocher, Luftballons, Sand, Pfeifenreiniger, Flaschen

Je größer deine Figuren sind, desto schwerer müssen die Gewichte sein. Je tiefer sie unter dem Körper hängen, desto besser. Probiere ein wenig herum, du findest bestimmt heraus, wie du die Drähte verbiegen musst, damit die Balancierer das Gleichgewicht halten.

WAS PASSIERT WENN ...?

* du ein Gewicht nach vorne, das andere nach hinten biegst?
* du beide Gewichte näher zur Flasche rückst?
* du einen Balancierer auf deine Fingerspitzen setzt?

Viele Seiltänzer benutzen eine Stange zum Balancieren. Sie dient dem gleichen Zweck wie die Gewichte an deinen Balanciermännchen. Durch die nach unten gebogene Stange liegt das Hauptgewicht des Tänzers näher am Seil. Das macht ihm das Ausbalancieren leichter.

Wenn der Tisch bebt

Mit einem Stift und einem aufgehängten Ziegelstein kannst du die Stöße eines Mini-Erdbebens aufzeichnen – wie in einer Forschungsstation.

An vier kleinen Haken hängst du einen Ziegelstein so unter den Hocker, wie du es auf dem Bild siehst. Umwickle den Stift mit kräftigem Draht. Erweitere die Spirale so, dass der Stift bequem auf und ab rutschen kann. Die Enden des Drahtes klemmst du unter zwei starke Gummibänder, die du zuvor um den Stein gespannt hast.

DU BRAUCHST:

einen Hocker mit vier Beinen, einen Ziegelstein, kräftigen Draht, Klebeband, einen mittel-dicken Filzstift, Papier, Schnur, Schrauben oder Nägel

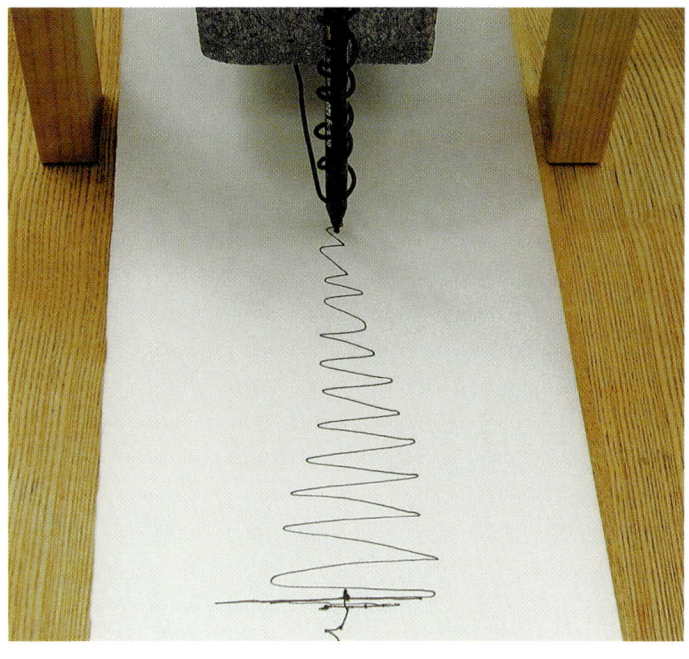

Stell den Hocker nun auf einen Tisch.
Unter den Stift legst du einen breiten,
möglichst langen Papierstreifen. Du
kannst ihn auch – falls nötig – aus
kleineren Stücken zusammenkleben.
Jetzt brauchst du einen Helfer.
Einer von euch zieht langsam das
Papier unter dem Ziegelstein durch,
der anderer ruckelt kurz und kräftig
seitlich am Tisch.
Seine Schwingungen werden als Zick-
zack-Linie auf dem Papier sichtbar.

WAS PASSIERT WENN ...?

* du ein Buch unter
  eines der Tischbeine
  legst und es während
  der Aufzeichnung
  wegziehst?
* du am Hocker
  rüttelst?
* du ganz langsam
  am Papier ziehst?

Überall auf der
Erde – vor allem
aber da, wo häu-
figer Erdbeben
auftreten, haben
Forscher solche
Seismografen
aufgestellt. Im
Prinzip funktionie-
ren sie genauso
wie dein aufge-
hängter Stein mit
Stift und Papier-
streifen.

Wasserwippe

Zünde zwei Teelichter an und die Wasserwippe bewegt sich wie von Geisterhand auf und ab.

Bei diesem Versuch brauchst du wahrscheinlich etwas Geduld bis alles so klappt wie geplant.
An den Enden eines Pappstreifens werden Teelichthüllen aufgehängt. Sie schaukeln mit Büroklammern an Holzstäbchen (siehe Zeichnung). Das Ganze wippt mit Hilfe eines Trinkhalms auf einem umgedrehten Becher. Darunter muss Platz für zwei Teelichter sein.

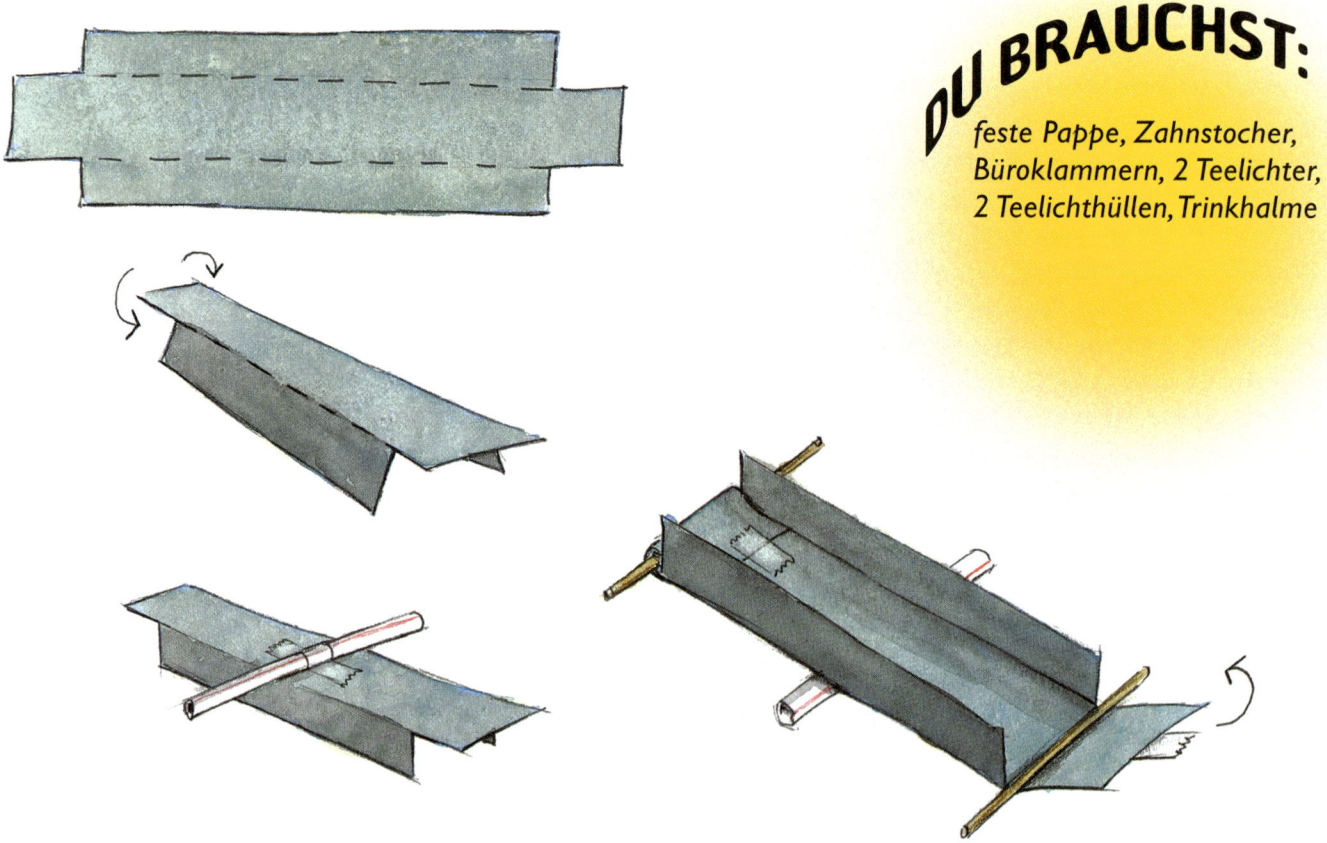

Fülle mit einer Pipette etwas Wasser in die Hüllen und entzünde die Teelichter. Nach einer Weile beginnt das Wasser in der tiefer hängenden Hülle zu kochen. Wenn genug Wasser verdampft ist, kippt die Wippe zur anderen Seite. Das Spiel beginnt von Neuem.

WAS PASSIERT WENN ...?

Damit Wasser verdampft, muss es nicht unbedingt kochen. Es reicht schon, wenn man es erhitzt – nur dauert es dann länger. Eine solche Duftlampe wird mit Wasser und einer wohlriechenden Essenz gefüllt. Mit dem unsichtbaren Wasserdampf verteilt sich der Duft im ganzen Raum.

* das Wasser in einer Hülle ganz verdampft ist?
* du die Hüllen mit sehr wenig Wasser füllst?
* du die Hüllen fast bis zum Rand füllst?

Kerzenlöschkanone

Aus einer Pappröhre und einem Luftballon kannst du dir ein Gerät bauen, das Kerzen löscht und Rauch-kringel durch die Luft tanzen lässt.

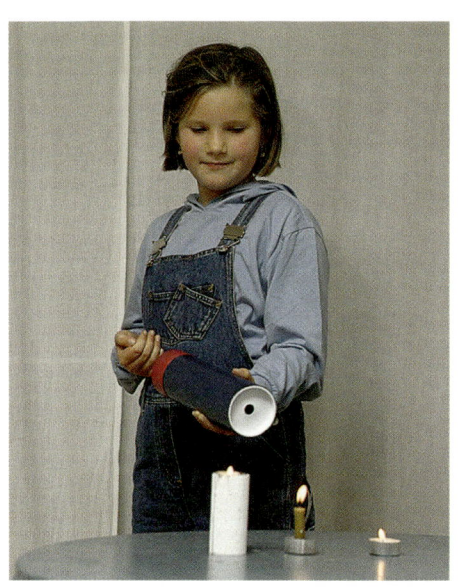

Die Kerzenlöschkanone ist schnell gebaut. Von einer Pappröhre sägst du ein etwa 30 cm langes Stück ab. Wenn du nicht zurechtkommst, lass dir helfen. Schneide dann von einem unaufgeblasenen Luftballon das obere Drittel weg und verknote die Tülle. Spanne den Ballon nun so über ein Ende der Röhre, dass die Tülle wie ein Schwänzchen nach oben guckt. Das andere Ende verschließt du mit einem Deckel, in den du vorher ein Loch mit 2 cm Durchmesser geschnitten hast. Das geht am besten mit Vorzeichnen und einer Nagelschere.

Entzünde nun eine Kerze und richte die Öffnung deiner Kanone auf die Flamme. Zieh an der Tülle und lass sie plötzlich los. Brennt die Kerze noch?

Wenn du mit deiner Löschkanone Rauchkringel auf die Reise schicken willst, brauchst du eine Räucherkerze. Befestige mit Teppichklebeband eine Teelichthülle auf einem Brettchen und stell die glimmende Räucherkerze hinein. Das Ganze schiebst du in das Rohr und verschließt es wieder.
Warte bis sich genug Rauch gebildet hat und klopfe dann leicht hinten auf den Ballon.

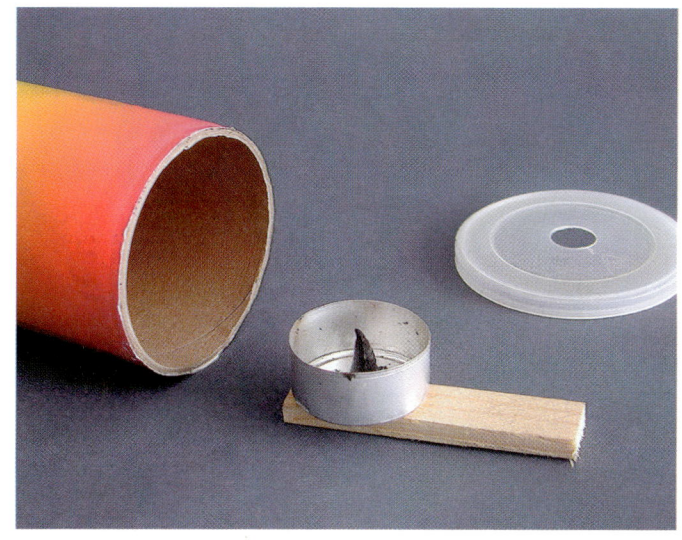

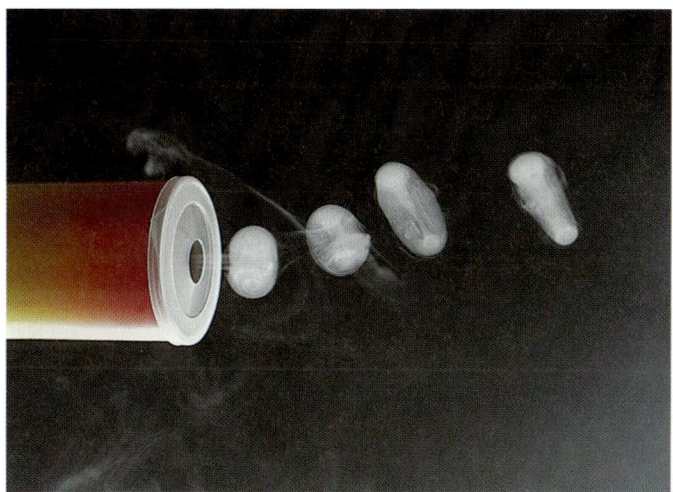

* du zwei Kerzen hintereinander stellst?
* du in den Deckel nur ein ganz kleines Loch machst?
* du bei den Rauchkringeln kräftig auf den Ballon klopfst?

Um sich über große Entfernungen hinweg zu verständigen, benutzten die Indianer Rauchzeichen. Mit Hilfe einer Decke ließen sie in bestimmten Abständen Rauchwölkchen aufsteigen, die weithin zu sehen waren. Aber nur, wer sich mit den Rauchzeichen auskannte, verstand die Botschaft und konnte eine Antwort schicken – mit Rauchzeichen.

Heiße Luft im Beutel

Aus einem großen Müllsack kannst du dir im Nu einen echten Heißluftballon basteln.

Besorge dir einen großen Müllsack aus möglichst dünnem Kunststoff. Nachdem du ihn mit einer Einfüll-Öffnung (Seite 41 oben) versehen hast, pustest du mit einem Föhn heiße Luft hinein. Heiße Luft ist leichter als kalte. Der Sack steigt nach oben. Wenn sich die Luft wieder abgekühlt hat, kommt er heruntergeschwebt. Bei Wind musst du ihn unbedingt an eine Drachenschnur binden, damit er nicht in einem fremden Garten landet.

DU BRAUCHST:

einen großen, leichten Plastiksack, einen Plastikbecher, eine Schere, 20 Meter Drachenschur, Klebestreifen

Schneide von einem Plastikbecher
einen etwa 4–6 cm breiten Ring ab.
Dieser Ring wird so in die Öffnung
des Müllsacks geklebt, wie du es auf
dem Bild siehst. Am besten geht das
zu zweit. Verkleb das Ganze nicht zu
dicht, damit beim Füllen des Sackes
die kalte Luft entweichen kann.

*Diese Ballons sind
so leicht, dass sie in
der Luft schwim-
men können, wie
Fische im Wasser.
Sie sind mit erhitz-
ter Luft gefüllt.
Während des Flu-
ges sorgt ein klei-
ner Gasbrenner
dafür, dass immer
genug heiße Luft in
der Ballonhülle ist.
Die Ballons lassen
sich schlecht steu-
ern, sie fliegen im-
mer dahin, wohin
der Wind sie treibt.*

WAS PASSIERT WENN ...?

 * du deinen Heißluft-
   ballon vom Balkon
   aus startest?
 * wenn es leicht oder
   heftig regnet?
 * du den Heißluft-
   ballon an der
   Drachenschnur
   hinter dir her-
   ziehst?

Drehflügler im Aufwind

Schon beim leisesten Luftzug setzt sich das Flügelrad in Bewegung.

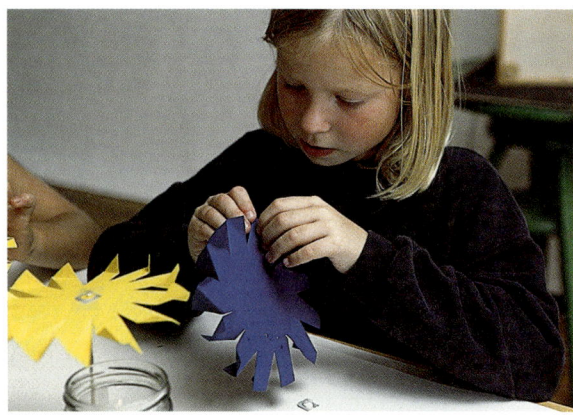

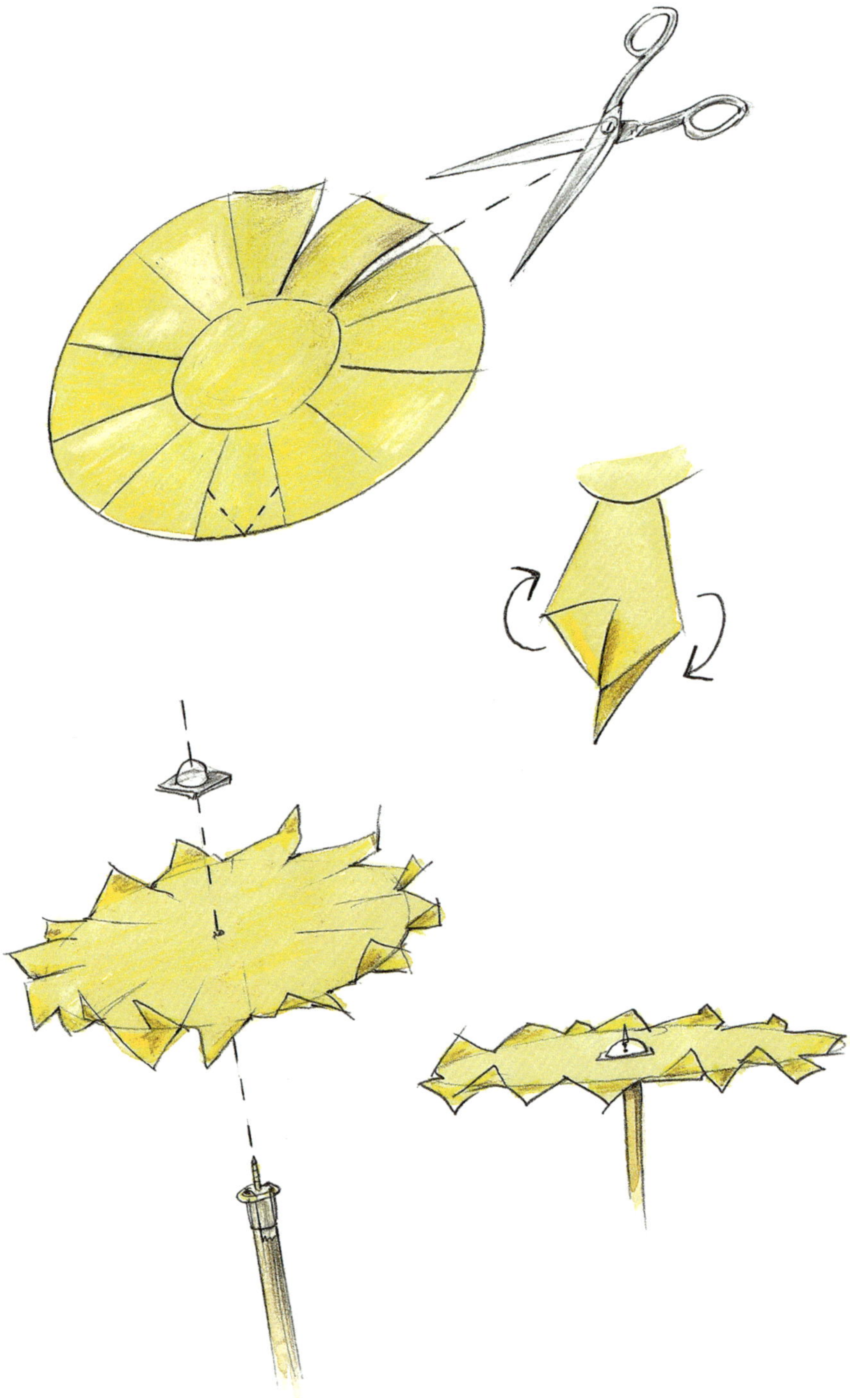

DU BRAUCHST:

Fotokarton in verschiedenen Farben, Nähnadeln oder Reißzwecken, ein Marmeladenglas, Teelichter, Tablettenhüllen

Schneide in einen Pappkreis zehn bis zwölf Schlitze Richtung Mitte. Die Flügelchen, die dabei entstehen, knickst du an den Enden: eine Ecke nach oben die andere nach unten – so wie auf der Zeichnung. Nun piekst du noch ein Loch durch den Mittelpunkt des Kreises. Schneide aus einer Tablettenverpackung eines von den leeren Hütchen heraus. Das klebst du über das Loch.

Befestige mit Klebestreifen eine Näh-
nadel an der Spitze eines Holzstäb-
chens und klebe dieses dann außen
an ein Marmeladenglas.
Setze das Flügelrad auf die Nadelspitze. Es muss sich ganz leicht drehen
können. Wenn nötig, vergrößerst du
das Loch in der Mitte.

Entzünde nun das Teelicht und stelle
es in das Marmeladenglas mit dem
Flügelrad. Was passiert?

Vom Teelicht steigt heiße Luft auf.
Man sieht sie nicht, aber sie setzt das
Flügelrad in Bewegung – so wie der
Wind, der eine Windmühle antreibt.

WAS PASSIERT
WENN ...?

* dein Drehflügler nur
  vier Flügel hat?
* du ein zweites Tee-
  licht außerhalb des
  Glases unter das
  Flügelrad stellst?
* du ein Papprohr statt
  des Glases nimmst?

*Warme Luft ist immer in Be-
wegung. Sie steigt nach oben,
kühlt ab und sinkt wieder nach
unten. Wie der Wind kann sie
beim Aufsteigen kleine und
große Flügelräder antreiben.*

Der heiße Punkt

Mit jedem Vergrößerungsglas kannst du die Strahlen der Sonne bündeln und zum Schreiben, Zeichnen und Kokeln benutzen.

DU BRAUCHST:

eine Lupe (Vergrößerungsglas, Linse), einen wolkenfreien Himmel, Holzbrettchen, Pappe, eine ruhige Hand

Halte die Lupe so, dass die Sonne durchscheinen kann und ihr Licht auf ein Brett fällt. Jetzt müsste ein heller Fleck zu sehen sein. Wenn du die Lupe auf und ab bewegst, wird der Fleck größer oder kleiner. Mit der Zeit findest du heraus, wie du die Lupe halten musst, damit sich das Sonnenlicht in einem möglichst kleinen Punkt sammelt.

Das Vergrößerungsglas sammelt die Lichtstrahlen der Sonne. Dort wo sich die Strahlen treffen, wird es glühend heiß. Deshalb werden solche Gläser auch Brenngläser genannt. Holz, Pappe und Papier verkokeln. Gewöhnlich fangen sie aber nicht richtig an zu brennen. Dazu reicht die Hitze nicht aus.

Einen Streichholzkopf allerdings kannst du ohne weiteres mit deinem Brennglas entflammen.

Sonnenstrahlen lassen sich auch mit Hohlspiegeln sammeln. Diese spiegeln alle Strahlen so, dass sie in einem Punkt zusammentreffen. Links siehst du einen Solarkochtopf, unten ein Solarkraftwerk.

WAS PASSIERT WENN ...?

* du als Brennglas eine starke Lesebrille nimmst?
* du eine Lupe auf weißes, farbiges oder schwarzes Papier richtest?
* du zwei Lupen hintereinander hältst?

Schaumlöscher

Mit den sprudelnden Bläschen einer Brausetablette kannst du eine Kerzenflamme ersticken.

Nimm ein etwa 20 cm langes Stück Blumendraht und wickle ein Ende um eine kleine Kerze. Biege den Draht so zurecht, wie du es auf dem Bild siehst. Jetzt füllst du etwas Wasser in ein Glas und gibst eine halbe Brausetablette dazu. Warte bis sie sich ganz aufgelöst hat.
Entzünde die Kerze und senke sie langsam am Draht ins Glas hinunter. Was geschieht mit der Flamme?

DU BRAUCHST:

Brausetabletten, ein Glas mit Wasser, kleine Kerzen, Walnüsse, Blumendraht

Du kannst die Kerze auch in einem Walnussschiffchen schwimmen lassen und dann ein Stück Brausetablette ins Wasser geben. Die Flamme wird fahl und erlischt. Warum? Die sprudelnden Bläschen sind aus Kohlenstoff. Dieses

Gas verdrängt den Sauerstoff, den die Kerze zum Brennen braucht.

Manche Brände lassen sich am besten mit Schaum löschen. Der Schaum sorgt dafür, dass die Flamme keinen Sauerstoffnachschub bekommt. Die Schaumbläschen enthalten das gleiche unbrennbare Gas, das auch die Kerzenflammen ausgehen lässt.

WAS PASSIERT WENN ...?

* du die Kerze am Draht im Glas auf und ab bewegst?
* du das Kerzenboot in einem halb voll gefüllten Glas schwimmen lässt?
* du zwischen zwei Versuchen kräftig ins Glas pustest?

Wie stark weht der Wind?

Von einer Milchtüte kannst du dir mit ein wenig Geschick die Windstärke anzeigen lassen.

Schneide die Milchtüte so zu, wie du es auf der Zeichnung siehst. Bohre in die Seitenwände je ein Loch, groß genug, dass du Trinkhalmstücke einsetzen kannst. Schiebe einen Holzspieß durch die Löcher. Die Spitze pikst du durch ein Stück Trinkhalm, an dem du einen Zeiger angebracht hast. In der Mitte befestigst du mit Klebestreifen ein Stück Milchtüte. Es muss frei hin- und herschwingen können und dabei den Zeiger bewegen.

Jetzt brauchst du noch einen Wind-
richtungsanzeiger. Mach dir einen
Pfeil aus einem Trinkhalm und Pappe
und setze ihn auf einen Zahstocher.
Stecke ihn in einen Trinkhalm, den du
in einer Ecke deines Windmessers
befestigt hast. Um die Windstärke zu
messen schau, wohin der Pfeil zeigt
und drehe deinen Windmesser in die
gleiche Richtung.

WAS PASSIERT WENN ...?

* du gegen deinen
  Windmesser pustest?
* der Wind seitlich
  gegen deinen Wind-
  messer bläst?
* überhaupt kein Wind
  weht?

*Dieser Wind-
messer funktio-
niert im Prinzip
genauso. Die
gelbe Wetter-
fahne dreht ihn
dabei immer in
den Wind.*

Wie warm ist es?

Dein Flaschenthermometer zeigt dir zwar keine genauen Temperaturen an, aber es misst zum Beispiel, ob du warme oder kalte Hände hast.

DU BRAUCHST:

eine Flasche, einen Luftballon, einen Trinkhalm, ein Gummiband oder einen Kabelbinder, Wasser, eine Schüssel mit Eiswürfeln

Das Wichtigste bei deinem Flaschenthermometer ist, dass der Trinkhalm luftdicht in der Öffnung steckt. Erst füllst du ein wenig gefärbtes Wasser in die Flasche. Dann legst du einen Luftballon – so wie er ist – über die Öffnung und spannst ein Gummiband mehrmals drumherum. Noch besser hält es mit einem Kabelbinder aus dem Baumarkt. Pikse ein Loch in die Mitte und schiebe den Trinkhalm hindurch bis zum Flaschenboden.

Halte das Thermometer fest in beiden Händen. Sind deine Hände warm? Dann nämlich steigt das Wasser im Halm nach oben. Wer von deinen Freunden hat die wärmsten Hände? Tauche dein Thermometer abwechselnd in eine Schüssel mit warmem und in eine mit kaltem Wasser und beobachte, was dein Thermometer anzeigt.

Wenn das Wasser schon bei normalen Temperaturen sehr hoch im Halm steht, zieh den Halm kurz nach oben, sodass es abfließen kann.

Wie funktioniert das Thermometer? Wird die Luft in der Flasche erwärmt, dehnt sie sich aus. Wäre kein Wasser in der Flasche, könnte die Luft einfach durch den Trinkhalm entweichen. So aber ist das Wasser im Weg. Die Luft drückt also auf das Wasser und lässt es im Halm hochsteigen.

WAS PASSIERT WENN ...?

* du Eiswürfel in die Schüssel mit kaltem Wasser tust?
* du vorsichtig in den Trinkhalm pustest?
* du versuchst mehr Wasser in das fertige Thermometer zu füllen?

Die meisten Thermometer funktionieren nach dem gleichen Prinzip wie dein Flaschenthermometer. In einem Glasröhrchen steigt und sinkt eine Flüssigkeit, weil sie sich ausdehnt oder zusammenzieht, je nach dem, wie sich die Temperatur verändert.

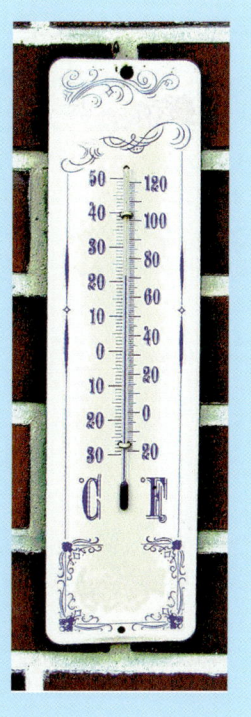

Seifenblasenspektakel

Seifenblasen sind Kugeln aus Luft in einer durchsichtigen Hülle. Was du noch alles mit Seifenblasenhaut anfangen kannst, siehst du hier.

Wer sagt, dass Seifenblasen rund sein müssen? Aus Seifenblasenhaut kannst du vielerlei zaubern. Etwa: bunt schillernde Schmetterlingsflügel, hauchdünne Blütenblätter, durchsichtige Wände und Dächer für Drahthäuser. Fülle ein möglichst großes Gefäß mit Seifenlauge und los geht's.
Auf der Zeichnung siehst du, wie man aus Draht und einem Stück Trinkhalm einen Schmetterling zurechtbiegt. Die Form und die Größe der Flügel kannst du selbst bestimmen. Du musst sie nur ganz und gar in deinen Topf mit Seifenlauge eintauchen können, sonst bleiben die Flügel leer.

DU BRAUCHST:

eine Schüssel mit Wasser und viel Spülmittel oder Seifenlösung, Draht, Korken, Holzspieße

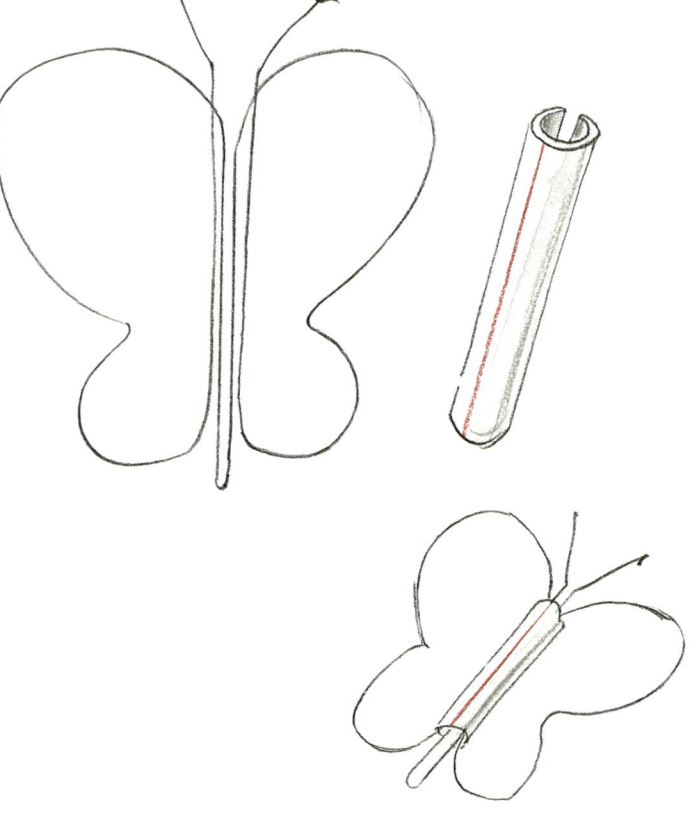

Die Blütenblätter formst du einzeln aus Draht. Ihre Enden pikst du in eine Korkscheibe, die auf einem Holzspieß steckt.

Du kannst jede erdenkliche Form aus Draht biegen und sie dann ausprobieren. Soll sie auf einem Brettchen stehen, musst du für Drahtenden und Holzspieße Löcher vorbohren.

WAS PASSIERT WENN ...?

* du mit einem Strohhalm in eine Seifenblase pustest?
* du ein Kreuz aus Draht in die Seifenlauge tauchst?
* du deine Drahtgebilde in den Wind hältst?

Bei dieser Dachkonstruktion haben sich die Architekten die Natur zum Vorbild genommen. Die Flächen sind so geformt, als seien sie aus Seifenblasenhaut.

Eisblumen aus Salz

Mit viel Salz, wenig Wasser und etwas Geduld kannst du beobachten, wie sich Salzkristalle auf einer Glasscheibe bilden.

Fülle ein kleines Glas zur Hälfte mit warmem Wasser und gib einen Teelöffel Bittersalz hinein. Rühre gut um. Wenn sich alles Salz aufgelöst hat, gibst du die nächste Portion Bittersalz dazu. Rühre wieder um. Das wiederholst du so lange, bis sich das Salz nicht mehr im Wasser auflöst, sondern eine Schicht auf dem Grund des Glases bildet.

Mit einem Pinsel verstreichst du nun die Salzlösung nach Belieben auf einer Glasplatte: Linien, Flecken, Kreise. Stelle alles über Nacht an einen warmen Ort. Was hat sich getan? Wenn du mit dem Ergebnis nicht zufrieden bist, probiere eine dickere oder dünnere Lösung aus.

DU BRAUCHST:

100 g Bittersalz (Magnesiumsulfat) aus der Apotheke, einige Glascheiben oder Spiegel, ein kleines Glas mit Wasser, einen dicken Pinsel

Die Bittersalzkristalle lösen sich fast vollständig im warmen Wasser auf. Erst wenn du zu viel Salz nimmst, bleibt das Wasser trübe.
Sobald du die Salzlösung nun auf die Glasscheibe aufgetragen hast, beginnt das Wasser zu verdunsten. Das Salz dagegen kann nicht verdunsten und bleibt zurück. Es erstarrt zu Kristallmustern.

WAS PASSIERT WENN ...?

* du das Gleiche mit normalem Speisesalz probierst?
* die Salzlösung sehr dickflüssig ist?
* du eine heiße Salzlösung auf das Glas aufträgst?

Salzgewinnung: Wie salzig ein Gewässer ist, ist ihm nicht anzusehen. Wenn man aber alles Wasser verdunsten lässt, bleibt allein das Salz zurück und kann weiterverarbeitet werden.

Der Wind macht Musik

Es klingt und scheppert, blinkt und blitzt, wenn du den Wind mit ausrangiertem Krimskrams spielen lässt.

Für dein Klangrad kannst du alles gebrauchen, was klingt oder was schön aussieht.

Am besten hängst du die Sachen mit Nylonfäden am Rad auf – entweder an der Felge oder in den Speichen. Zieh die Knoten so fest zu, wie du kannst. Gehen sie trotzdem wieder auf, sichere sie mit einem Tropfen Klebstoff. Mach die Fäden jedoch nicht zu lang, sie verheddern sich sonst schon beim ersten Windstoß unentwirrbar.

Auf dem Bild ganz rechts siehst du, wie du das Rad an einem Pfahl anbringst. Du brauchst dazu ein Winkeleisen mit passenden Holzschrauben sowie eine Mutter für die Radnabe.

DU BRAUCHST:

eine Fahrradfelge, alte Löffel und Deckel, große Nägel und Schrauben, rostige Winkel, Glöckchen, Haken, Rohre, kräftige Fäden (Nylon), Eisenwinkel, Schrauben

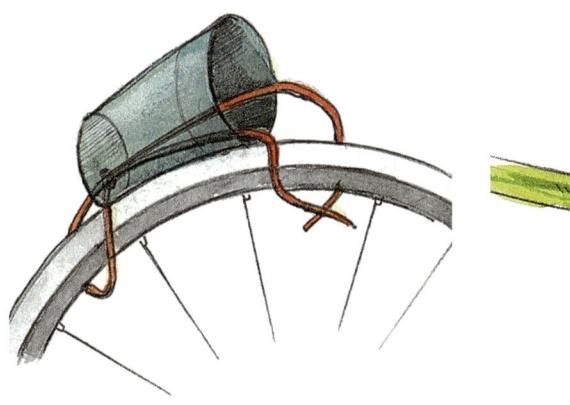

Wenn das Rad nicht nur klingen, sondern sich auch im Wind drehen soll, befestigst du sechs bis acht Plastikbecher an seinem Rand.

Dazu musst du mit einer heißen Stricknadel Löcher in die Böden der Becher bohren.

Auf dem Bild siehst du, wie sie mit einer Schnur angebunden werden.

Windspiele, wie dieses, erklingen schon beim leisesten Luftzug. Deshalb hängt man sie gern im Hausflur auf, wo oft ein wenig Zugluft herrscht.

WAS PASSIERT WENN ...?

* du kleine Spiegel und Glasstücke an dein Rad hängst?
* du dein Rad an drei Schnüren an einen Ast hängst?
* du bunte Tücher an die Felge bindest?

Wirbelsturm im Pappkarton

Ein richtiges Schneegestöber tobt in der Pappschachtel, wenn du geschickt hineinpustest.

Besorge dir eine Pappschachtel mit durchsichtigem Deckel. Du kannst auch eine gewöhnliche Schachtel nehmen, in den Deckel ein Fenster schneiden und Plastikfolie hineinkleben. Den Boden der Schachtel bemalst du ganz nach Belieben mit einer Landschaft oder einem anderen Hintergrundbild.

DU BRAUCHST:

flache Schachteln mit durchsichtigem Deckel in verschiedenen Größen, dicke Trinkhalme, Klebestreifen, Styroporkügelchen

Fülle nun Styroporkügelchen in die Schachtel und verschließe sie. In den Rand bohrst du vorsichtig ein oder mehrere Löcher für die Pustehalme. Schiebe die Halme nur ein kleines Stück hinein, dann kannst du den Luftstrom besser lenken. Und nun: Lass die Flocken tanzen!

Styropor besteht fast nur aus Luft, deshalb ist es so unglaublich leicht. Man braucht nur ein klein wenig zu pusten und schon beginnen die Kügelchen in der Schachtel wild herumzuwirbeln. Dabei kannst du nun sehr schön den Weg des Luftstroms verfolgen.

Um das Laub von der Straße zu fegen, benutzt dieser Arbeiter keinen Besen, sondern Luft. Seine Maschine pustet – genau wie der Trinkhalm in deiner Schachtel – einen kräftigen Luftstrom in die gewünschte Richtung.

WAS PASSIERT WENN ...?

* du die Schachtel beim Pusten aufrecht hältst?
* mehrere Kinder gleichzeitig pusten?
* die Schachtel nahezu luftdicht verschlossen ist?

Druckluftrakete

Mit wenig Aufwand kannst du dir eine Rakete bauen,
die ohne Treibstoff fliegt.

Rolle das Papier locker um den Schlauch des Blasebalgs. Fange mit einer Ecke an. Klebe es dann zu einer Röhre zusammen, die leicht auf dem Schlauch hin- und herrutschen kann. Unten in der Röhre machst du vier bis sechs Einschnitte und knickst die Enden zu Heckflossen zurecht.
Die Rakete braucht ein Gewicht an der Spitze. Knicke die Spitze so weit zusammen, dass ein Korken gerade noch hineinpasst. Klebe ihn fest und dreh eine Schraube hinein.

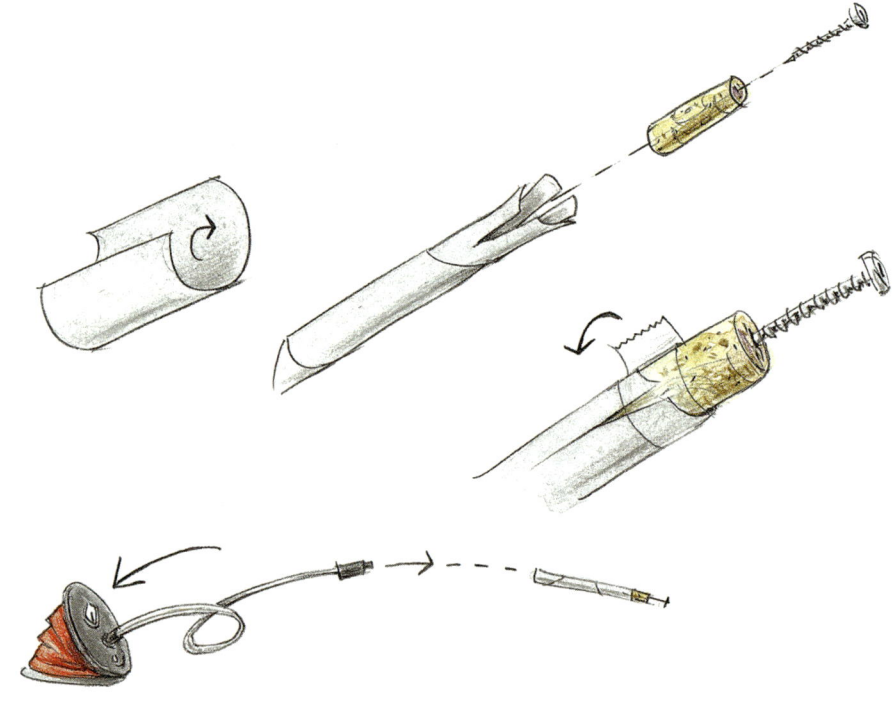

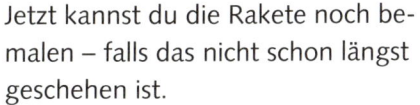

Der Countdown läuft: Setze die Rakete auf den Schlauch und bringe sie in Startposition. Fertig? Tritt einmal kräftig – aber nicht zu wild – auf den Blasebalg.
Die Luft aus dem Blasebalg will durch den Schlauch entweichen, dabei reißt sie die Rakete mit.

Jetzt kannst du die Rakete noch bemalen – falls das nicht schon längst geschehen ist.

WAS PASSIERT WENN ...?

* du kein Gewicht an der Spitze der Rakete befestigst?
* die Rakete sehr locker auf dem Schlauchende sitzt?
* du die Rakete nur halb so lang machst?

Einige Indianerstämme benutzen Blasrohre auf der Jagd. Sie pusten kleine vergiftete Pfeile durch lange Rohre und treffen zielsicher Vögel und andere kleine Tiere – auch in großer Entfernung.

Wenn es nicht funktioniert

S. 6 Kippelige Korken
Mit der Zeit saugen sich die Korken mit Wasser voll und werden schwerer. Abhilfe: Weniger Gewicht dranhängen oder die Korken auswechseln.

S. 8 Wirbelstraßen
Wenn sich keine schönen Wirbelstraßen bilden, liegt das möglicherweise am Mischungsverhältnis. Je mehr Glycerin, desto langsamer die Bewegungen. Je größer das Gefäß, desto besser lassen sich die Verwirbelungen beobachten.

S. 10 Wasser mit Klebkraft
Hier kann eigentlich nichts schief gehen, höchstens, dass die Pappe durchweicht. Am besten eignen sich Stücke von gewachsten Partytellern.

S. 12 Kraft durch den Schlauch
Wenn sich beim Rückziehen des Kolbens nichts tut, liegt das meist daran, dass Luft im System ist. Blasenfrei lassen sich Kolben und Schlauch am besten im Spülbecken unter Wasser füllen: Die Kolben ganz rausziehen und wieder einsetzen, wenn alle Luft rausgeblubbert ist.

S. 14 Blumengießautomat
Es empfiehlt sich, ladenfrische Schwammtücher erst einmal gründlich zu spülen und die Streifen vor dem ersten Einsatz anzufeuchten. Neue Schwammtücher sind meist imprägniert, deshalb dauert es eine Zeit, bis sie ihre volle Saugfähigkeit erlangen.

S. 16 Zauberquelle
Wenn es nicht klappt, liegt das meist daran, dass der Trinkhalm nicht luftdicht im Deckel sitzt. In diesem Fall knotet man einen kleinen Luftballon (nicht aufblasen!) um den Trinkhalm und schiebt ihn bis direkt über die Schwammtücher.

S. 18 Was ist im Glas?
Es ist wichtig, das Teströhrchen zu Beginn gut auszutarieren. Bei normalem Wasser sollte es zur Hälfte einsinken. Zum Beschweren kann man auch kleine Schrauben in die Knetmasse drücken. Die Effekte sind übrigens viel dramatischer, wenn man einen ganz dünnen Trinkhalm nimmt.

S. 20 Kugelrunde Eiskunst
Interessant ist es, eine Versuchsreihe durchzuführen: Man füllt drei bis vier Ballons und legt sie nacheinander im Abstand von einer halben Stunde ins Kühlfach. Sobald der erste durchgefroren ist, holt man alle heraus und vergleicht. Man kann deutlich erkennen, wie das Wasser von außen nach innen friert.

S. 22 So wird Wasser sauber
Vielleicht sind die Ergebnisse bei einigen Versuchen nicht besonders überzeugend. Die Minikläranlage kann nur grobe Verunreinigungen herausfiltern. Alle Substanzen, die im Wasser gelöst sind, wie etwa Tinte oder andere Farben, kann sie nicht zurückhalten.

S. 24 Malen mit der Schaukel
Die häufigsten Fehlerquellen sind:
1. Zu viel Schlemmkreide. Schöne Muster entstehen nur, wenn der Untergrund zu sehen ist.
2. Zu viel Bewegung. Um interessante Muster zu erzeugen, reichen ganz sanfte Schwingungen.
3. Der Teller steht schief. Es empfiehlt sich, zu Anfang den Teller mit Hilfe von Pappstreifen in eine möglichst waagerechte Position zu bringen.

S. 26 Erde, Sand und Wurzeln
Damit man das Wurzelwachstum gut verfolgen kann, sollte man einige Samenkörner ganz an den Rand des Bechers legen. In der ersten Zeit kann man alles mit einem runden Stück Schwammtuch bedecken, das regelmäßig begossen wird.

S. 28 Schatzschüttler
Der Effekt ist am Eindrucksvollsten, wenn die Schüttelbewegungen nicht zu heftig sind. Auch sollte man nur Objekte wählen, die wirklich ganz vom Sand bedeckt werden können.

S. 30 Rieseltheater
Interessanter sind die Ergebnisse, wenn man nur wenige Löcher in den Teller bohrt.
Es empfiehlt sich, den Sand gut durchzusieben.

S. 32 Balancierer
Auch Erwachsenen fällt es nicht immer leicht, die Figuren so auszubalancieren, dass sie ungehindert tanzen können. Ein Tipp: die Gewichte müssen sich möglichst weit unterhalb der Standfläche der Balancierer befinden. Und: je schwerer, desto besser.

S. 34 Erdbeben
Damit der Stift die Erschütterungen auch wirklich gut aufzeichnen kann, muss er ganz locker in der Spirale sitzen. Zusätzlich kann man ihn mit einem Gewicht beschweren.

S. 36 Wasserwippe
Der heißeste Punkt einer Flamme liegt direkt oberhalb der Flamme, nicht in ihrer Mitte. Deshalb tut man gut daran, die Wippe so aufzubauen, dass zwischen Flammen und den Teelichthüllen ein wenig Abstand bleibt. Hängen die Hüllen zu tief, sind sie sofort schwarz vor Ruß.

S. 38 Kerzenlöschkanone
Wenn es mit den Rauchkringeln nicht auf Anhieb klappt, sollte man es mal mit einem kleineren Loch versuchen. Die Räucherkerze erst dann in die Röhre schieben, wenn sie schon ordentlich qualmt.

S. 40 Heiße Luft im Beutel
Wichtig ist, dass man den Beutel nicht zu früh startet. Erst loslassen, wenn der Beutel ganz mit heißer Luft gefüllt ist.

S. 42 Drehflügler im Aufwind
Es kommt vor, dass das Flügelrad wackelt, weil die Nadelspitze im Hütchen verrutscht. Dann drückt man mit einer stumpfen Nadel von unten eine kleine Beule in das Hütchen. Jetzt hat die Nadelspitze einen festen Platz.

S. 44 Der heiße Punkt
Lupen aus Plastik eignen sich nicht für diesen Versuch. Sie bündeln das Licht nicht ausreichend. Achtung: Das Brennglas nie auf Haut, Haare oder Kleidung richten.

S. 46 Schaumlöscher
Es kommt vor, dass die Flamme sofort durch Wasserspritzer gelöscht wird, wenn die Tablette losprudelt. Dann ist es besser die Tablette nur in kleinen Stücken ins Wasser zu geben.

S. 48 Wie stark weht der Wind?
An besten funktioniert das Gerät, wenn es auf einem festen Untergrund steht und man zum Stabilisieren einen Stein in die Milchtüte legt.

S. 50 Wie warm ist es?
Kindern bereitet es ein enormes Vergügen, das eingefärbte Wasser so hoch steigen zu lassen, dass es oben aus dem Trinkhalm perlt. Das ist nicht weiter schlimm. Um das Thermometer wieder aufzufüllen, kann man einen Mund voll Wasser durch den Trinkhalm pusten.

S. 52 Seifenblasenspektakel
Selbst gemachte Seifenlauge: 2 l Wasser, 100 g Zucker, 5 g Tapetenkleister, 150 ml Neutralseife
1 l Wasser in einen Eimer geben. Den Zucker mit 0,5 l Wasser aufkochen und in den Eimer gießen. Tapetenkleister mit 0,5 l Wasser anrühren, Neutralseife dazugeben, umrühren und in den Eimer gießen. 12 Stunden stehen lassen, nochmals umrühren.

S. 54 Eisblumen aus Salz
Leider gibt es keine Patentlösungen. Man muss ein wenig mit der Salzkonzentration und der Dicke des Auftrags herumexperimentieren, bis man gute Ergebnisse bekommt.

S. 56 Der Wind macht Musik
Wenn sich das Rad bei Wind nicht in Bewegung setzt, muss man dafür sorgen, dass es wirklich ganz waagerecht angebracht ist.

S. 58 Wirbelsturm im Pappkarton
Styroporkügelchen kann man auch selbst herstellen, indem man ein Stück Styropor mit einer Feile bearbeitet.

S. 60 Druckluftrakete
Die Rakete startet nur, wenn sie auch wirklich locker auf dem Schlauch sitzt. Darauf muss man schon beim Aufrollen der Pappe achten.

Bildnachweis

Alle Fotos stammen von Hermann Krekeler, außer:

S. 7 Stephan Balkenhol, „Vier Männer auf Bojen", Foto Wolfgang Neeb; **S. 9** Satellitenbild der Erde; **S. 17** Springbrunnen, © Felix Agel / f 1 online; **S. 21** Eisskulptur in Alaska, dpa; **S. 23** Brita Filter; **S. 25** Sandbank, Sinje Bowien; **S. 27** entwurzelter Baum, Superbild; **S. 29** Kartoffelroder, Grimme Landmaschinenfabrik GmbH & Co. KG; **S. 31** Sanduhr, IFA-Bilderteam; **S. 33** Hochseilartist, Superbild; **S. 35** Seismograf, dpa; **S. 41** Heißluftballon; **S. 43** Weihnachtspyramide, Superbild; **S. 45** Solarkraftwerk Odeillo, französische Pyrenäen, Albert Richter, Chemnitz; **S. 45** Solarkochtopf EG Solar e.V. Solares Kühlen, Kirchweihdach; **S. 47** Feuerwehrmann, Superbild; **S. 49** Windmesser, Ernst Fesseler; **S. 53** Münchner Olympiagelände, Superbild; **S. 55** Saline, IFA-Bilderteam; **S. 57** Klangspiel, Sinje Bowien; **S. 59** Laubpuster, Superbild; **S. 61** Amazonas-Indianer, Superbild

Die Deutsche Bibliothek – CIP-Einheitsaufnahme

Ein Titeldatensatz für diese Publikation ist bei
Der Deutschen Bibliothek erhältlich.

Die Schreibweise entspricht den Regeln
der neuen Rechtschreibung.

4 3 2 1   01 02 03 04

Illustrationen: Daniel Napp
Gestaltung und Satz: alpha & bet Verlagsservice, München
Umschlagkonzeption: Schmieder & Sieblitz
Redaktion: Petra Bowien
Printed in Germany

ISBN 3-473-37811-9